Inhalt

Arbeitszufriedenheit – entscheidend ist die Führungskraft

Kernthesen

Beitrag

Fallbeispiele

Weiterführende Literatur

Impressum

Arbeitszufriedenheit - entscheidend ist die Führungskraft

Robert Reuter

Kernthesen

- Arbeitszufriedenheit ist eine wichtige Grundvoraussetzung für die Bindung von Mitarbeitern an das Unternehmen.
- Auf die Leistung hat die Arbeitszufriedenheit hingegen nach neueren Untersuchungen kaum Einfluss.
- Für die Arbeitszufriedenheit ist das Verhältnis zur Führungskraft entscheidend. Unzufriedenheit mit dem Chef führt fast immer gleichzeitig zur Unzufriedenheit mit dem Unternehmen und dem Arbeitsplatz.

Beitrag

Arbeitszufriedenheit und Leistung

Eine zentrale Frage für das Personalmanagement ist seit vielen Jahrzehnten das Verhältnis zwischen Arbeitszufriedenheit und Leistung. Ältere Forschungen gingen dabei a priori davon aus, dass nur der zufriedene Mitarbeiter im Job zu Höchstleistungen fähig ist. Die Annahme, dass eine hohe Arbeitszufriedenheit positive Wirkungen auf die Leistung hat, ist bis heute in vielen Modellen verankert. So besagt beispielsweise die 1998 entworfene Mitarbeiter-Kunden-Profit-Kette, dass die Einstellung gegenüber dem Job und dem Arbeitgeber im Dienstleistungsbereich darüber entscheidet, wie viele Waren verkauft werden und wie gut der Service funktioniert. Auch diese noch junge Untersuchung kommt zu dem Schluss, dass sich die Zufriedenheit der Mitarbeiter unmittelbar auf die Höhe der Unternehmensgewinne niederschlägt.

Neueren Studien zufolge ist die wie selbstverständlich zugrunde gelegte Annahme eines positiven Einflusses der Zufriedenheit auf die Leistung jedoch kaum nachweisbar. Empirische Untersuchungen kommen zu dem Ergebnis, dass es eine positive Beeinflussung zwar gibt, diese aber nur schwache bis mittlere Folgen für die Leistung hat. Die bisher unterstellte Leistungssteigerung durch eine höhere Arbeitszufriedenheit ist nach diesen neueren Ergebnissen vernachlässigbar gering.

Die fehlende Korrelation zwischen Arbeitszufriedenheit und Leistung macht zudem deutlich, dass die Zufriedenheit eines Mitarbeiters mit seinem Arbeitsplatz noch lange nichts über seine Motivation aussagt. So kann ein fauler Mitarbeiter durchaus mit seiner Lage höchst zufrieden sein, einfach weil man ihm seine Verweigerungshaltung nicht übel nimmt. Der Fall offenbart, dass auch Zufriedenheit und Leistungsbereitschaft nicht notwendigerweise miteinander verbunden sind. (1), (5)

Lebenszufriedenheit und Gesundheit

Klarere Ergebnisse erbringt die Untersuchung des Wirkzusammenhangs zwischen Arbeitszufriedenheit und der Gesundheit der Mitarbeiter. Hier besteht ein substanzieller Zusammenhang, insbesondere für das Auftreten von Burn-out-Syndromen und Depressionen. Belegt ist überdies, dass die Arbeitszufriedenheit entscheidenden Einfluss auf die

Lebenszufriedenheit der Menschen hat. Diese ist zwar keine betriebswirtschaftlich relevante Kategorie, zeigt dafür aber den Wirkungseinfluss der Arbeit auf die gesamte Lebenssituation.

Gleichwohl gibt es Ereignisse, die sich zwar positiv auf die Lebenszufriedenheit, jedoch negativ auf die Arbeitszufriedenheit auswirken. So wurde beispielsweise erst kürzlich ermittelt, dass die Geburt eines Kindes zwar die Lebenszufriedenheit erhöhen kann, gleichzeitig aber oft negative Effekte auf die Arbeitszufriedenheit hat. Die Autoren der Studie glauben, dass diese Reaktion als Folge der mit der Geburt eingeschränkten finanziellen und zeitlichen Freiräume zu interpretieren ist. Auch die nun eingeschränkte Möglichkeit zur Nachtruhe sorgt demnach dafür, dass der Job stärker als Belastung empfunden wird. (1)

Unübersichtliche Situation in Deutschland

Trotz der vielzähligen Studien bleibt die Arbeitszufriedenheit ein schwer zu fassender Begriff. Von den Forschern selbst ist die Klage zu hören, dass die Arbeitszufriedenheit umso beliebiger und diffuser gerät, je mehr man sich ihr annähert. So ist beispielsweise kaum zu ermitteln, ob ein zufriedener

Mitarbeiter ursächlich durch seinen Job zufriedengestellt wird, oder ob er nur seine Ansprüche so weit herunter geschraubt hat, bis er nicht mehr leidet.

Der schwierige Begriff dürfte mit ein Grund dafür sein, dass es verlässliche Aussagen über die Arbeitszufriedenheit der deutschen Bevölkerung kaum gibt. Die Ergebnisse differieren je nach dem, wer die Studie in Auftrag gegeben hat. So hat das arbeitgebernahe Institut der Deutschen Wirtschaft (IW) für Deutschland einen Anteil zufriedener Mitarbeiter in der Höhe von 88 Prozent der Beschäftigten ermittelt. Damit liegt Deutschland unter den 31 untersuchten Ländern an neunter Stelle. Dem Einwand, dass hierzulande immer mehr Menschen über Stress und Burn-out-Erkrankungen klagen, begegnet das IW mit dem Hinweis darauf, dass bei vielen Arbeitnehmern Stress und Zeitdruck den Spaß an der Arbeit erhöhe.

Niedrige Arbeitszufriedenheit wird den Deutschen attestiert, wenn die Studie von Gewerkschaften oder anderen Arbeitnehmervereinigungen angefertigt wird. Nach Aussage des Deutschen Gewerkschaftsbundes (DGB) bemängelt immerhin ein Drittel der Beschäftigten fehlende oder geringe Wertschätzung von Vorgesetzten - was nicht eben für Arbeitszufriedenheit spricht. Über 50 Prozent der Beschäftigten klagen über Terminhetze und gestiegene Arbeitsintensität. Glaubt man den Ergebnissen des DGB, gehen nur 42 Prozent der Beschäftigten in Deutschland davon aus, ihren Job unter den derzeitigen Arbeitsbedingungen bis zur Rente erledigen zu können. (2)

Führungskräfte schneiden nicht gut ab

Auch wenn das IW eine hohe Arbeitszufriedenheit konstatiert, belegt doch auch diese Studie eine vorherrschende Unzufriedenheit der Beschäftigten mit dem Führungspersonal. Nach Aussage des Instituts gaben nur 69 Prozent der Befragten an, dass sie sich zumindest manchmal von ihren Vorgesetzten unterstützt fühlen dürfen. Im europäischen Durchschnitt liegt dieser Wert jedoch bei 81 Prozent. Aufhorchen lässt die vom IW ermittelte Bedeutung der Qualität der Führungskräfte für das Gesamtempfinden gegenüber dem Arbeitsplatz. Demnach hat die Beurteilung der Führungskräfte den stärksten Einfluss auf die Zufriedenheit der Arbeitnehmer. Anders herum sind die Beschäftigten, die mit dem Chef unzufrieden sind, sehr viel häufiger auch insgesamt mit ihrer Arbeit unzufrieden. (4)

Zu wenig Freiräume für das Führungspersonal

An der fehlenden Begleitung und Bestärkung der Mitarbeiter mag mancher Vorgesetzte selbst schuld sein, jedoch sind hierfür auch andere Gründe ausschlaggebend. So beklagen immer mehr Führungskräfte das stetig wachsende Arbeitspensum, das eine intensivere Kommunikation mit der Abteilung oft nicht mehr erlaube. Hierunter leiden auch die Freiräume, die der Führung noch bleiben, um ein motivierendes Arbeitsklima zu schaffen. (2)

Trends

Zufriedene Kunden durch zufriedene Mitarbeiter

Um sich von der Zufriedenheit der Belegschaft ein Bild machen zu können, setzen Unternehmen bevorzugt auf das Mitarbeitergespräch. Mittlerweile bauen fast 45 Prozent der Firmen auf dieses Führungsinstrument. In den Fokus rückt die Arbeitszufriedenheit der Mitarbeiter aus ganz konkreten Gründen. So hat sich in den Firmen die

Erkenntnis durchgesetzt, dass zufriedene Mitarbeiter die Grundvoraussetzung für zufriedene Kunden sind. Zweitens ist die Arbeitszufriedenheit ein wichtiger Anker für die Mitarbeiterbindung. Demografischer Wandel und Fachkräftemangel sorgen so dafür, dass die Arbeitszufriedenheit in den Unternehmen zunehmend mehr Beachtung findet. (3)

Führung ist erstmals Thema Nummer eins

Laut dem Institut für angewandte Arbeitswissenschaft (IFAA) ist "Führung" das derzeit wichtigste Thema in den Unternehmen. Im ersten Quartal 2013 belegte noch die Arbeitszufriedenheit den ersten Platz im Ranking der wichtigsten Beschäftigungsfelder. An der jüngsten Befragung haben 818 Experten aus der Wirtschaft, Verbänden und der Wissenschaft teilgenommen. (7)

Fallbeispiele

Feelgood-Managerin soll Zufriedenheit steigern

Das Leipziger Internetunternehmen Spreadshirt beschäftigt eine eigene Kraft, die sich ausschließlich um das Wohlbefinden der Mitarbeiter kümmert. Die so genannte Feelgood-Managerin soll für gute Laune sorgen, unter anderem durch Bastel- und Lesenachmittage und durch das Organisieren von geselligen Treffen. Auch Kochkurse, Kanufahrten und gemeinsame Kneipenbesuche sollen dafür sorgen, dass sich die Mitarbeiter in ihrem Team zu Hause fühlen. (6)

Weiterführende Literatur

(1) Zufriedene Mitarbeiter sind gute Mitarbeiter?
aus PERSONALquarterly Nr. 04 vom 23.09.2013 Seiten 46 - 49

(2) "Den Führungskräften fehlt häufig der Freiraum, ein motivierendes Arbeitsklima zu schaffen"
aus VDI NR. 27-28 VOM 05.07.2013 SEITE 27

(3) Zufriedene Mitarbeiter führen zu zufriedenen Kunden
aus Frankfurter Allgemeine Zeitung, 05.08.2013, Nr. 179, S. 18

(4) Die meisten Deutschen sind mit ihrer Arbeit zufrieden
aus Frankfurter Allgemeine Zeitung, 02.07.2013, Nr. 150, S. 13

(5) Arbeitszufriedenheit von Personen mit Migrationshintergrund - Eine Analyse auf Basis des Sozio-oekonomischen Panels (SOEP)
aus ARBEIT - Zeitschr. f. Arbeitsforschung, Heft 02/2013, S. 134-149

(6) Manager fürs Wohlfühlen
aus Markt und Mittelstand vom 05.07.2013, Nr. 7-08, S. 11

(7) Führung ist erstmals Thema Nummer 1 in den Unternehmen
aus Personalmagazin, Heft 09/2013, S. 26

Impressum

Arbeitszufriedenheit - entscheidend ist die Führungskraft

Bibliografische Information der deutschen Nationalbibliothek

Die Deutsche Nationalbibliothek verzeichnet diese Publikation in der deutschen Nationalbibliografie; detaillierte bibliografische Daten sind im Internet über http://dnb.d-nb.de abrufbar.

ISBN: 978-3-7379-0275-5

© 2015 GBI-Genios Deutsche Wirtschaftsdatenbank GmbH, Freischützstraße 96, 81927 München, www.genios.de

Alle Rechte vorbehalten. Dieses Werk ist einschließlich aller seiner Teile – z.B. Texte, Tabellen und Grafiken - urheberrechtlich geschützt. Jede Verwertung außerhalb der Grenzen des Urheberrechtsgesetzes bedarf der vorherigen Zustimmung des Verlags. Dies gilt insbesondere auch für auszugsweise Nachdrucke, fotomechanische

Vervielfältigungen (Fotokopie/Mikroskopie), Übersetzungen, Auswertungen durch Datenbanken oder ähnliche Einrichtungen und die Einspeicherung und Verarbeitung in elektronischen Systemen.